edicado a:

....

$\mathcal{P}$or:

....

$\mathcal{F}$echa:

....

LA TOALLA
DEL SERVICIO

*... el camino
para llegar al éxito*

Nuestra Misión

Llamados a traer el poder sobrenatural de Dios a esta generación.

La Toalla del Servicio ...el camino para llegar al éxito

Segunda Edición 2006

ISBN: 978-1-59272-100-9

Portada diseñada por: ERJ Publicaciones

Categoría: Crecimiento Espiritual

Publicado por:

ERJ Publicaciones

13651 SW 143 Ct., Suite 101, Miami, FL 33186

Tel: (305) 382-3171 - Fax: (305) 675-5770

Impreso por:

ERJ Publicaciones, EUA

Dedicatoria

D edico este libro a todos los siervos de Dios que han entregado su vida al servicio de los demás, dando testimonio de lo que vino a hacer Jesús a la tierra.

A todos aquellos que han servido con fidelidad y lealtad a hombres y mujeres de Dios, que han reconocido la manera de llegar a la grandeza por medio de la entrega y el amor que ellos han brindado a los demás.

Agradecimientos

Q uiero agradecer a todos aquellos que me han servido fielmente a mí, a mi esposa y a mis hijos. Le doy gracias a Dios por sus vidas; han sido y son un regalo que nos ha permitido engrandecer el Reino de Dios.

¡Que Dios los bendiga grandemente!

Y una vez más... ¡gracias!

Índice

Índice

Introducción

En la actualidad, el tema del servicio es algo de lo cual se habla, pero no se practica; o si se practica, no se hace como debe ser. El desconocer la importancia que el servicio tiene en nuestra vida nos impide ejecutar el llamado de Dios. Es muy importante que recibamos la revelación de que, sin servicio, no podemos tener autoridad ni llegar a ser victoriosos en nuestra vida cristiana.

El arte de servir a los demás, se ha ido perdiendo a través de los años; y en muchas ocasiones, hasta su concepto se ha ido degenerando, al punto de llegar a ver a las personas que sirven como inferiores. Esto, claro está, es causado por el orgullo y la falta de conocimiento de los principios celestiales. Sin embargo, aunque hay personas que están dispuestas a servir con todo su corazón, por una u otra razón, no han perseverado en el servicio. Por consiguiente, no han podido cosechar al máximo lo que sembraron.

Es mi deseo que usted, amigo lector, pueda recibir la gran bendición que se adquiere al servir a otros. Aquí encontrará los fundamentos que le ayudarán a hacerlo con excelencia, tanto para Dios como para los que le rodean.

Capítulo I

Un monumento al egoísmo

*"²⁶...el que quiera hacerse grande entre vosotros
será vuestro servidor...". Mateo 20:26*

- Yo
- Mi
- Mío
- Yo mismo

Estas palabras se destacan en un monumento construido en cierto lugar. Están escritas en sólida letra negra, y parece como si formaran una columna. Cada letra está esculpida sobre granito. En la base de este extraño monumento, hay centenares y millares de personas con los brazos levantados, como si estuvieran adorando un altar. Hay, además, unas palabras escritas que dicen: "El culto al ego". Alrededor de este monumento, hay cuatro afirmaciones populares, muy conocidas, frecuentemente usadas en los anuncios comerciales:

"Haga usted lo que quiera".
"Hágase usted mismo un favor".
"Usted tiene una deuda consigo mismo".
"Usted merece algo bueno hoy".

Ésta es la condición del mundo de hoy. Las personas sólo piensan en sí mismas y no en los demás. Le han erigido un monumento a su propio ego. Actualmente, se escriben grandes cantidades de libros referentes al egoísmo y a la autosatisfacción, los cuales se convierten en los más vendidos; pues la gente los compra por millones. Aplaudimos todo aquello que levanta el ego, y no queremos servir a otros. Ésta es la razón por la cual muchas iglesias tienen falta de obreros; por esta misma razón muchas personas se divorcian, pues, ninguno de los cónyuges quiere servir a nadie y mucho menos a su pareja. Este egoísmo colectivo causa grandes consecuencias en nuestra sociedad y en nuestra vida personal, tales como: el fracaso de empresas, matrimonios y el uso de la manipulación y control de los líderes que dirigen al pueblo de Dios. No existe un espíritu de servicio. Lo único que le interesa a la gente es obtener su propia satisfacción.

¿Cómo fue en el principio de la creación?

El hombre fue creado para obedecer, para que fuese señor y siervo; pero, debido a su desobediencia y consecuente caída, hubo grandes consecuencias que ya conocemos.

- Dios hizo al hombre para que fuera señor y siervo, pero el hombre escogió ser señor solamente.

- Dios le dio al hombre la capacidad de ser un dador y un receptor, pero el hombre escogió ser un receptor solamente.

Adán fue creado para que fuese señor y sirviente. En los planes de Dios nunca estuvo que él fuera señor únicamente. Sin embargo, Adán escogió ser servido, sin servir a nadie. Él dijo: "yo no quiero someterme y servir, yo escojo autoridad sin sumisión, y señorío sin servicio". Se convirtió en un esclavo del pecado, y allí, empezó su monumento al ego. Desde entonces, el ego vino a ser el dios y el centro de la existencia del hombre. Alimentar el ego y ser el número uno se convirtió en su mayor deseo. Básicamente, la naturaleza del ser humano es buscar que le sirvan. A ningún hombre le gusta servir a otros, porque esto va en contra de su naturaleza caída. El concepto bíblico de servir, es tener una actitud de dar nuestro servicio como un acto de amor, sin esperar nada a cambio. Actualmente, en la iglesia, se ha perdido el espíritu de servicio; pues, solamente pensamos en nosotros mismos y no nos importa nada de los demás.

Jesús cambió la mentalidad

"17Desde entonces comenzó Jesús a predicar, y a decir: Arrepentíos, porque el reino de los cielos se ha acercado". Mateo 4:17

En este verso, la palabra *arrepentíos* significa: cambiar la manera de pensar, cambiar la mentalidad. Jesús trajo otra perspectiva de lo que significa el servicio. Él vino para revertir toda vieja manera de pensar que sólo se enfoca en el egoísmo. Si usted antes vivía, pensaba y servía para sí mismo, ahora cambie su mentalidad; sirva a otros, piense en otros, ame a otros; pues, así es la mentalidad del Reino de Dios.

Cambiemos la mentalidad de la iglesia tradicional

Esta mentalidad dice que hay dos tipos de individuos en la iglesia, que son:

> ➤ Los sacerdotes
> ➤ Los laicos

La mentalidad tradicional es que los sacerdotes son los únicos que tienen dones y habilidades para servir a Dios, y que los laicos son los que se sientan en una silla los domingos y no se involucran en nada más. Pero, Jesús viene en contra de esa mentalidad y nos dice que cada miembro del cuerpo es un ministro, es un sirviente, y está capacitado para llevar a cabo la obra de Dios.

Jesús vino a cambiar tres mentalidades:

• La primera mentalidad es, que dejemos de vivir para nosotros mismos; y que hagamos algo por nuestro prójimo.

• La segunda mentalidad es, que solamente las personas que se encuentran en los cinco ministerios, es decir: apóstoles, profetas, evangelistas, maestros y pastores, son las que sirven o deben servir. Eso no es así, pues cada persona tiene una gracia y un don para llevar a cabo una parte del trabajo en el Reino de Dios.

- La tercera mentalidad es, que para llegar a la grandeza, no hay que enseñorearse ni tomar la autoridad a la fuerza; sino que se consigue por medio del servicio a otros.

Jesús es nuestro ejemplo perfecto

"7...sino que se despojó a sí mismo, tomando forma de siervo, hecho semejante a los hombres".
Filipenses 2:7

Veamos ahora, cuál es el significado de la palabra siervo:

La palabra siervo, en griego, es *"doulos"*, que significa esclavo. El significado exacto de esta palabra es: uno que tiene una actitud permanente de servicio a otros. Uno que es reducido a servidumbre permanente y que es tan consumido por el servicio, que aun su propia voluntad es consumida por servir a otros. Un *"doulos"* es un esclavo voluntario del Señor. Si antes era esclavo del pecado, de la droga, del sexo ilícito, del alcohol, del cigarro, de los antidepresivos; ahora, voluntariamente, es un esclavo de Jesús y de la gente; alguien que vive para servir. Por eso es que, un *"doulos"*, es un siervo fiel.

¿Cómo debe ser un siervo fiel?

Un siervo fiel es aquel que hace su trabajo de continuo, sin desmayar; que hace todo aquello que se le ordena hacer, y lo hace bien. Jesús fue un *"doulos"*. Él permanentemente tenía una actitud de servicio, por eso se dio por completo a los demás. Él no pensó en sí mismo, sino que su mente y su corazón estuvieron siempre en servir a su prójimo.

"28...como el Hijo del Hombre no vino para ser servido, sino para servir, y para dar su vida en rescate por muchos". Mateo 20:28

Jesús nos habla de su mentalidad acerca de cómo llegar a ser grande en el Reino de Dios.

"25Entonces Jesús, llamándolos, dijo: Sabéis que los gobernantes de las naciones se enseñorean de ellas, y los que son grandes ejercen sobre ellas potestad. 26Mas entre vosotros no será así, sino que el que quiera hacerse grande entre vosotros será vuestro servidor, 27y el que quiera ser el primero entre vosotros será vuestro siervo". Mateo 20:25-27

Jesús empieza hablando y enseñando acerca de cómo, los gobernantes y líderes del mundo, llegan a las posiciones de renombre para enseñorearse de la gente y tomar autoridad sobre ella, por medio de la manipulación y el control. En su camino a la cima, pisotean a todo el mundo con tal de alcanzar una posición alta. Jesús nos dice: "de esa manera lo hacen ellos; pero yo les digo: cambien su mentalidad; y si ustedes quieren posiciones de liderazgo, si quieren tener autoridad sobre otros, tienen que servirles primero". ¿Quién quiere ser grande?, ¿quién quiere ser mayor?, ¿quién quiere ser primero en la fila?, ¿quién quiere ser líder...? Jesús nos desafía a buscar la grandeza y el liderazgo de la manera correcta. De antemano nos da a entender que no tiene nada de malo querer ser primero, querer y buscar la grandeza; siempre y cuando se haga con el motivo correcto y la mentalidad correcta.

"26...si no que el que quiera hacerse grande entre vosotros será vuestro servidor".

En este verso existen dos palabras que debemos destacar, conforme a su significado. La primera, es la palabra *grande* y la segunda, es la palabra *servidor*. Grande, es sinónimo de mega, que significa que tiene mucho tamaño y medida, grande en grado e intensidad, grande en rango y autoridad. Por su parte, servidor, es la palabra griega "DIAKONO", que significa:

- Uno que sirve en forma general para ayudar a otros.

- Uno que sirve aliviando las necesidades de otros, supliéndole para las necesidades de la vida.

- Uno que sirve a la iglesia y a la comunidad, supliendo cualquier necesidad; "uno que sirve las mesas".

"1En aquellos días, como creciera el número de los discípulos, hubo murmuración de los griegos contra los hebreos, de que las viudas de aquéllos eran desatendidas en la distribución diaria. 2Entonces los doce convocaron a la multitud de los discípulos, y dijeron: No es justo que nosotros dejemos la palabra de Dios, para servir a las mesas". Hechos 6:1, 2

Ahora nos preguntamos, ¿qué es lo que Jesús nos quiere decir acerca de su manera de pensar? Toda persona que quiera tener una mega iglesia, un mega ministerio que se mueva con gran intensidad y gran unción; todo aquel que quiera escalar una posición de autoridad en el Reino de Dios, debe ser un "DIAKONO". Es decir, debe ser aquel que ayude en forma general en todo lo que se necesite; aquel que alivie la necesidad de otro en diversas maneras, tales como: visitando al enfermo en el hospital, o al que esté pasando por un mal momento, supliéndole lo que necesite, ya sea de forma material, espiritual o emocional. La persona que pretenda posiciones de autoridad sobre los demás, tanto en la iglesia como en cualquier otro lugar, tiene que "servir las mesas, ponerse la toalla del servicio y entregarse a ayudar a otros".

Jesús continúa enseñando...

"27...y el que quiera ser el primero entre vosotros será vuestro siervo".

La palabra *primero*, en el idioma griego, es *"protón"*, que significa: jefe, líder, cacique, jefe de estado; uno que es primero en rango y autoridad.

Del significado de *primero*, hay que destacar una palabra clave, ésta es *líder*. Y de lo que Jesús nos enseña, debemos resaltar la palabra *siervo*, para así establecer la estrecha relación existente entre un líder y un siervo. Esta última palabra, en el griego, es *"doulos"*, que representa a aquel que tiene una actitud permanente de servicio, que es esclavo permanente del servicio a otros.

En realidad, lo que Jesús nos está diciendo es lo siguiente: si alguno quiere llegar a ser jefe, líder, jefe de estado o cacique, tiene que ser el esclavo permanente de aquellos sobre los cuales quiere gobernar; tiene que tener una actitud de servicio sobre aquellos que quiere liderar.

¡Cambie su mentalidad! La verdadera grandeza no se logra por medio de enseñorearse sobre la gente, sino siendo el *"diakono"* y el *"doulos"* de todo el pueblo.

Jesús toma la toalla del servicio

Antes de entrar en detalles acerca de lo que Jesús hizo, veamos un poco del trasfondo histórico y las costumbres orientales de aquel tiempo.

En los tiempos en que Jesús caminó la tierra, cuando un huésped llegaba a una casa, se tenía por costumbre lavarle los pies, ya que en aquel entonces la gente caminaba en medio de las polvorientas calles de Israel. Los únicos medios de transporte eran los camellos, los bueyes, los asnos y los caballos. Si bien estos animales de carga, prestaban una gran ayuda, era dado que cuando hacían sus necesidades sobre las calles, causaban tal suciedad y mal olor, la misma que, por supuesto, se trasladaba a los pies y sandalias de todos los que diariamente recorrían esos caminos. Después de entender lo que sucedía en aquella época con los transeúntes, transportémonos al momento en que Jesús y sus discípulos habiendo caminado por largas horas por estas calles polvorientas y sucias, llegan al lugar establecido para su reunión. Todos están esperando que uno de los siervos de la casa se levante y empiece a limpiarles los pies. Pero, grande es su sorpresa cuando ven que el que se levanta a lavarles los pies, es el mismo Jesús.

"4...se levantó de la cena, y se quitó su manto, y tomando una toalla, se la ciñó. 5Luego puso agua en un lebrillo, y comenzó a lavar los pies de los discípulos, y a enjugarlos con la toalla con que estaba ceñido". Juan 13:4, 5

Dios no nos confía el alma de una persona, hasta que le hayamos servido en el área física y material.

La Biblia Amplificada en Juan 13.3-5 dice así:

"3...sabiendo Jesús que el Padre le había dado todas las cosas en las manos, y que había salido de Dios, y a Dios iba, 4se levantó de la cena, y se quitó su manto, tomó una toalla, y se la ciñó. 5Luego, puso agua en una vasija y comenzó a lavar los pies de los discípulos, secándolos con la toalla con que estaba ceñido". Juan 13:4, 5

Es tiempo de que, como creyentes, líderes, servidores públicos o gobernantes, tomemos la "toalla del servicio" y empecemos por ayudar a la ancianita que vive en la casa vecina a la nuestra. Es tiempo de que les sirvamos a las personas antes de predicarles de Jesús. ¡Tomemos una actitud diferente! Cada uno de nosotros debe cambiar la mentalidad vieja, de que sólo los ministros deben hacer el trabajo en la iglesia; todos debemos participar y dejar de vivir para nosotros mismos. Cambiemos para bien, entendamos que cada miembro del cuerpo tiene una gracia, tiene un don, un talento, una habilidad con la cual puede servir a Dios y a sus hermanos. Tomemos la toalla y limpiemos la suciedad, el polvo de todo lo que el pueblo ha recogido en su caminar.

A las personas no les importa cuánto usted sabe, hasta el momento que reconocen lo importante que ellas son para usted.

La mayor expresión de amor es servir de una manera desinteresada.

Cada uno de nosotros debe cambiar la mentalidad del viejo hombre que aún nos acompaña, y recibir la mentalidad renovada de Jesús. Servir es dejar de ambicionar ser siempre el que recibe, para buscar la oportunidad de dar; no ser uno que guarda rencor, sino uno que perdona; no ser uno que guarda apuntes de lo que le han hecho, sino uno que olvida; no querer llegar a ser un líder a costa de pisotear a las demás personas, sino sirviéndolas. Si usted está dispuesto a invertir más que la mayoría, y si realmente ama a Dios, entonces, comience a olvidarse de sí mismo, de pensar en lo suyo, y comience a servir a otros. ¡Cambiemos nuestra mentalidad! Cada uno tiene una gracia dada por Dios, y todos podemos dar algo de lo que tenemos. Cuando nos encargamos de servir y ayudar a otros, entonces Dios se encarga de darnos todo lo que necesitamos.

CAPÍTULO II

Servir a Dios con el motivo correcto

"La belleza de una vida desinteresada, es servir a Dios y a la gente sin esperar nada a cambio".

D urante el tiempo que llevo en el ministerio, he notado que muchas personas se cansan de servir al Señor porque nunca ven llegar la recompensa por lo que hacen. Muchas veces me he preguntado: ¿por qué sucede esto? Si esta gente sirve a Dios continuamente, ¿por qué no ve los frutos y, sobre todo, la recompensa de parte de Dios? La conclusión a la que he llegado es que, muchas de esas personas sirven a Dios y al pueblo por motivos incorrectos. Unos sirven para alcanzar posiciones, otros, para obtener ganancias. Incluso hay quienes sirven a Dios para ser reconocidos o simplemente, por cualquier otra razón equivocada. La palabra de Dios nos dice que hacer cosas para Dios con la intención equivocada es una obra muerta, que no tiene la vida de Dios ni su unción; una obra que ante los ojos de Dios es nula.

¿Qué es una obra muerta?

Es todo aquello que hacemos en nuestras propias fuerzas y que no es iniciado por Dios. Es cualquier cosa que hacemos en el momento equivocado, con el motivo y la intención equivocados. Cuando realizamos un trabajo para el Señor y no lo hacemos con la intención correcta, no podemos esperar tener una recompensa en el día del juicio, cuando estemos frente al tribunal de Cristo. Nuestra motivación al servir a Cristo debe ser nuestra expresión de gratitud y amor, deseando darle a Él toda la gloria y la honra.

El tribunal de Cristo

"10...es necesario que todos nosotros comparezcamos ante el tribunal de Cristo, para que cada uno reciba según lo que haya hecho mientras estaba en el cuerpo, sea bueno o sea malo".
2 Corintios 5:10

"12De manera que cada uno de nosotros dará a Dios cuenta de sí". Romanos 14:12

En estos versos, se recalcan las palabras *cada uno*, lo que significa que es un juicio individual, donde "cada uno" es responsable y debe responder por los dones y talentos que Dios le ha dado. Otro punto importante que la palabra recalca es que todos seremos juzgados. Es de hacer notar que este juicio del tribunal de Cristo no es para condenación, sino para recompensa, según lo que cada uno de nosotros haya hecho en la tierra.

¿Qué es el tribunal de Cristo?

El vocablo griego aquí traducido como tribunal es *"bema"*. Éste término sugiere una plataforma alta usada para discursos públicos. El tribunal de Cristo es el lugar o la plataforma donde será juzgado cada creyente por todo lo que haya hecho en la tierra. Allí, Jesús será el que juzgue, dando un discurso acerca de todo lo que cada uno de nosotros haya hecho mientras nuestro espíritu estaba en el cuerpo.

La prueba de fuego

El apóstol Pablo describe esta prueba como el juicio para adjudicar las recompensas de los creyentes.

"11Porque nadie puede poner otro fundamento que el que está puesto, el cual es Jesucristo. 12Y si sobre este fundamento alguno edificare oro, plata, piedras preciosas, madera, heno, hojarasca, 13la obra de cada uno se hará manifiesta; porque el día la declarará, pues por el fuego será revelada; y la obra de cada uno cual sea, el fuego la probará. 14Si permaneciere la obra de alguno que sobreedificó, recibirá recompensa. 15Si la obra de alguno se quemare, él sufrirá pérdida, si bien él mismo será salvo, aunque así como por fuego". 1 Corintios 3:11-15

Este juicio no es para condenación, sino sobre la obra de cada hombre. Aun cuando las obras de un hombre se quemaren por completo, su alma será salva. El primer versículo de este pasaje explica por qué el alma de ese hombre está segura. Este juicio no tiene que ver sólo con quienes han edificado su fe sobre sus propias obras o su propia justicia, sino también sobre el fundamento de Jesucristo y su justicia. Cuando llegamos a ver los logros de las obras de todos los creyentes, la palabra de Dios las coloca en dos categorías.

Categoría uno	Categoría dos
▪ Oro	▪ Madera
▪ Plata	▪ Heno
▪ Piedras preciosas	▪ Hojarasca

Para poder establecer a qué categoría pertenecen las obras realizadas, se les hace pasar por la prueba del fuego. Si las obras se encuentran en la primera categoría, pasarán por el fuego sin ser consumidas, mientras que ocurrirá todo lo contrario con las que pertenecen a la segunda categoría.

Hay una pregunta que surge aquí, ¿está Dios más interesado en la calidad que en la cantidad? El oro, la plata y las piedras preciosas, son materiales que normalmente se encuentran en pequeñas cantidades, por lo cual tienen gran valor. Sin embargo, la madera, el heno y la hojarasca son materiales que ocupan mucho espacio y se obtienen en grandes cantidades, lo que les da un valor relativamente bajo. Mientras examinamos este juicio, cada uno de nosotros necesita preguntarse: ¿cómo puedo servir a Cristo aquí en esta tierra para que mis obras resistan la prueba del fuego que será aplicada en ese día?

¿Qué cosas tomará en cuenta el Señor en el momento de juzgar o recompensar las obras de los creyentes?

Cada uno de nosotros tiene que probar su corazón en cuatro áreas diferentes, porque en cada una de ellas, seremos juzgados con fuego; y de acuerdo al material que sea encontrado en estas áreas, seremos recompensados por el Señor. Son los requerimientos del tribunal de Cristo.

¿En qué áreas seremos probados?

1. La prueba de los motivos o intenciones

Los motivos o intenciones con que hacemos las obras se originan en nuestro corazón.

"⁵Así que, no juzguéis nada antes de tiempo, hasta que venga el Señor, el cual aclarará también lo oculto de las tinieblas, y manifestará las intenciones de los corazones; y entonces cada uno recibirá su alabanza de Dios". 1 Corintios 4:5

Hay muchas preguntas que tenemos que hacernos con respecto a las intenciones y los motivos de nuestras obras, y son las siguientes:

- ¿Por qué hago lo que hago para Dios y para los demás?

- ¿Qué busco cuando sirvo a Dios y a su pueblo?
- ¿Busco ser reconocido por la gente?
- ¿Busco posición?
- ¿Busco mi propia satisfacción o la gloria de Dios y el beneficio del pueblo?
- ¿Predico, enseño, intercedo, ayudo en la iglesia, ayudo a los hermanos para tomar alguna ventaja de ellos, o lo hago porque amo a Dios y a su pueblo?
- ¿Busco ser afirmado por el líder para que me promocione, o simplemente busco servir a Jesús con sinceridad de corazón?
- ¿Estoy más interesado en las posiciones que son visibles y no me interesa servir si es detrás de las escenas?
- ¿Sirvo a las personas por amor o movido por intereses personales, dinero, fama u otra cosa?

El servir a Dios con el motivo correcto me garantiza un galardón en los cielos y aquí en la tierra. También me ayuda a permanecer libre de heridas. Aunque nadie me aplauda, aunque nadie me reconozca, aunque nadie me pague nada; aunque no reciba el aplauso de la gente y en cambio me paguen mal por bien, aunque me traicionen aun después de haberles servido, ninguna de estas cosas me puede herir porque todo lo hice para Dios y no para ellos. Eso es lo que me mantiene libre de heridas.

Cada vez que hagamos algo en nuestra vida, debemos juzgar nuestro corazón. ¿Por qué hacemos lo que hacemos? Algunas veces, me he encontrado haciendo cosas con el motivo incorrecto; tras lo cual, me he tenido que arrepentir y pedir perdón al Señor para luego seguir adelante con un corazón limpio.

La belleza de una vida desinteresada es servir a Dios y a la gente sin esperar nada a cambio.

2. La prueba de la fidelidad

La fidelidad es la virtud más importante en un siervo de Dios, juntamente con la obediencia; es la que engrandece a un hombre o a una mujer delante de los ojos del Señor.

"21Y su señor le dijo: Bien, buen siervo y fiel; sobre poco has sido fiel, sobre mucho te pondré; entra en el gozo de tu señor. 22Llegando también el que había recibido dos talentos, dijo: Señor, dos talentos me entregaste; aquí tienes, he ganado otros dos talentos sobre ellos. 23Su señor le dijo: Bien, buen siervo y fiel; sobre poco has sido fiel, sobre mucho te pondré; entra en el gozo de tu señor".
Mateo 25:21-23

Jesús destaca dos cosas en estos versos. Él le llama "buen siervo" a alguien que sirve a Dios y a su pueblo con la intención correcta. Todo lo que hizo este siervo, lo hizo para el Señor y no para él mismo. Pero, él también le llama "siervo fiel", y esto es muy importante que lo estudiemos.

¿Quién es un siervo fiel?

Es uno que hace su trabajo de continuo y sin desmayar; que es confiable, digno de confianza; uno que no deja inconclusa la tarea que se le ha encomendado.

Hay muchos creyentes que, en aquel día, serán encontrados siervos buenos por haber hecho su servicio con buenas intenciones; pero no serán encontrados fieles porque lo que Dios les dio para hacer, no lo terminaron; no continuaron con la tarea, no hicieron su trabajo de modo continuo; lo dejaron incompleto. Es necesario ser fieles para que, cuando llegue el día del tribunal de Cristo, seamos encontrados con esta virtud.

La mayor prueba de fidelidad de una persona viene cuando ésta es tentada a abandonar su trabajo antes de tiempo.

He encontrado que un sinnúmero de líderes que reciben una oportunidad para servir en cualquier área de una iglesia, o incluso en el trabajo, cuando viene la presión, cuando los problemas se levantan, abandonan su posición de servicio. Eso, Dios lo ve como infidelidad. Son tentados a dejar lo que Dios les puso a hacer y lo abandonan. Es importante que seamos encontrados fieles.

"1Así, pues, téngannos los hombres por servidores de Cristo, y administradores de los misterios de Dios". 1 Corintios 4:1

Este versículo hace referencia, en sentido pasivo, a la cualidad de ser fiel; cuyo paralelo en griego, es *"pistos"*, y significa alguien digno de credibilidad, verdadero; uno en quien se puede confiar, uno de quien se puede depender, uno que tiene palabra y todo lo que promete lo cumple. Es por esta razón, que la fidelidad y la obediencia son las mayores virtudes que Dios busca en un hombre y en una mujer para poder usarlos.

Cada siervo o ministro del Señor debe ser encontrado digno de credibilidad; que cuando se le pone a servir en un área no la deja, es fiel, se puede depender de él.

Yo tengo líderes fieles en nuestro ministerio a quienes les he delegado tareas, las cuales han realizado de continuo y sin desmayar. A algunos, les han venido pruebas a su vida, han sido tentados a irse de su posición, a abandonar lo que les ha sido encomendado que hicieran. Pero ellos han resistido y han continuado sirviendo, sin dejarse vencer por las circunstancias adversas. Es a este tipo de líderes, que yo promociono a otras posiciones, porque son fieles, confiables, se puede contar con ellos, se puede depender de ellos. Yo, como pastor, por ejemplo, ya no tengo que preocuparme por organizar todo el servicio de la iglesia. Tengo personas fieles a quienes les he entregado un trabajo, y lo hacen antes de que yo llegue a predicar.

3. La prueba de poder

Dios enseña en su Palabra que el Reino de Dios no consiste en hacer las cosas en nuestras propias fuerzas; pero, lamentablemente, hay un sinnúmero de creyentes y líderes haciéndolo de esta manera, y no en el poder del Espíritu Santo. Toda obra o servicio que hagamos para Dios en nuestras propias fuerzas, será una obra de heno, de madera y de hojarasca, y en el día del juicio, al pasarla por el fuego no resistirá y se quemará. Como creyentes, no se supone que hagamos algo para Dios en nuestras propias fuerzas, sino en el poder del Espíritu Santo.

"⁶Entonces respondió y me habló diciendo: Ésta es palabra de Jehová a Zorobabel, que dice: No con ejército, ni con fuerza, sino con mi Espíritu, ha dicho Jehová de los ejércitos". Zacarías 4:6

Cuando seamos juzgados en el tribunal de Cristo, allí se sabrá si lo que hicimos fue en nuestras propias fuerzas o en el poder del Espíritu Santo.

4. La prueba del talento o el don.

"14Porque el reino de los cielos es como un hombre que yéndose lejos, llamó a sus siervos y les entregó sus bienes. 15A uno dio cinco talentos, y a otro dos, y a otro uno, a cada uno conforme a su capacidad; y luego se fue lejos".
Mateo 25:14, 15

La pregunta que Jesús nos hará cuando estemos delante de Él es: ¿Qué hiciste con el talento y el don que te di? A cada uno de nosotros nos fueron dados dones y talentos, y cada uno es responsable por multiplicar, reproducir y usar lo que se le ha dado. ¿Qué le contestaremos al Señor? Muchos saldrán avergonzados por no haber hecho nada con su don.

¿Cuál es la razón principal por la cual las personas no hacen algo con su don?

- La razón principal es que tienen miedo o temor.

"24Pero llegando también el que había recibido un talento, dijo: Señor, te conocía que eres hombre duro, que siegas donde no sembraste y recoges donde no esparciste; 25por lo cual tuve miedo, y fui y escondí tu talento en la tierra; aquí tienes lo que es tuyo. 26Respondiendo su señor, le dijo: Siervo malo y negligente, sabías que siego donde no sembré, y que recojo donde no

esparcí. ^{27}*Por tanto, debías haber dado mi dinero a los banqueros, y al venir yo, hubiera recibido lo que es mío con los intereses.* ^{28}*Quitadle, pues, el talento, y dadlo al que tiene diez talentos.* ^{29}*Porque al que tiene, le será dado, y tendrá más; y al que no tiene, aun lo que tiene le será quitado".* Mateo 25:24-29

Le animo hoy, a que use el don que Dios le ha dado. Empiece a ministrarlo a otros, porque si no lo hace, tendrá que darle cuentas a Dios por ello.

Uno de los motivos incorrectos para servir es el deseo de ser recompensado.

Esta falla de carácter la encontramos en Judas. La reacción de Judas fue el fruto de la semilla sembrada en su corazón. Esa semilla era el sentir de que debía ser recompensado por su trabajo, por su servicio ofrecido; que debía obtener una posición mayor en recompensa por su tiempo y dinero invertidos en la propagación del ministerio de Jesús. Judas acumuló estos pensamientos en su mente hasta que dieron a luz una traición. Pensamientos como: "lo he abandonado todo, he perdido buenas oportunidades por seguir a este hombre que, ahora, dice que debe partir". En fin, pensamientos que lo llevaron a elaborar una justificación para sus acciones. A Judas, le parecía como si Jesús lo hubiera engañado, que no cumpliría sus promesas. Entonces, probablemente, pensó: "ya que he perdido tanto tiempo siguiendo a este hombre, por lo menos voy a sacar las treinta monedas de plata que me ofrecen como recompensa por todo mi servicio".

En este punto, debemos hacer un énfasis. Porque el primer paso para que Satanás desarrolle un espíritu de Judas en las personas, es convencerlos de que el liderazgo al cual ellas siguen no sirve. Lo cual debemos tener en cuenta para que cuando el enemigo nos ataque, podamos reconocer sus estrategias y no caigamos en la trampa. De lo contrario, lo más seguro es que tomemos una decisión equivocada. Sin embargo, las personas que se dejan atrapar por el espíritu de Judas se sienten juzgadas por otros a causa de lo que han hecho, aunque se apoyen en su propia opinión.

Si no corregimos esta falla de carácter, que nos lleva a servir con un motivo equivocado, terminaremos ahorcándonos ministerialmente como lo hizo Judas con su cuerpo.

Para concluir, podemos decir que: servir a Dios con el motivo correcto, nos garantiza desde ahora, una recompensa en esta vida y la venidera. Cuando estemos frente al tribunal de Cristo, cada creyente tendrá que comparecer frente a él, y sus obras serán pasadas por el fuego. Ningún líder quiere que su trabajo sea hallado en vano y se queme, sin quedar de éste, rastro alguno; sino que, al pasar por el fuego, resulte ser oro, plata y piedras preciosas que resistan la prueba del calor intenso. Por eso, es importante que juzguemos nuestras intenciones cada vez que hagamos algo para el Señor, y nos preguntemos: ¿Por qué estoy haciendo lo que estoy haciendo? Tengamos esto en mente para que cada uno de nosotros haga las cosas con buenas intenciones, que seamos encontrados fieles, y que demos nuestro servicio a Dios, no en nuestra fuerza, sino en el poder del Espíritu Santo. ¡Tome su don y multiplíquelo, que usted también dará cuentas a Dios!

Algunos principios importantes son:

- El hombre fue creado para ser señor y siervo.

- Cuando el hombre pecó, lo hizo porque en su corazón, se levantó un gran deseo de ser número uno, de ser sólo señor y no siervo.

- La mentalidad católica dice que solamente hay dos tipos de individuos en la iglesia: los sacerdotes y los laicos, cuando en realidad, no es así, todos podemos y debemos servir.

- Jesús vino a cambiar la mentalidad de lo que es servicio, y Él mismo dio el ejemplo, haciéndose siervo.

- El camino para llegar a la grandeza es el servicio a otros.

- Para obtener recompensa en el día del juicio, tenemos que servir con el motivo y la intención correctos.

- Cuando sirvamos a Dios, debemos hacerlo de una forma desinteresada.

- La fidelidad es la virtud que hace grande a un hombre.

CAPÍTULO III

¿Por qué debemos servir a Dios y a su pueblo?

"⁵Porque Jehová es bueno;
para siempre es su misericordia,
y su verdad por todas las generaciones".
Salmo 100:5

H ay una pregunta que surge después que reconocemos a Jesús como nuestro Señor y Salvador, y es la siguiente: ¿qué espera Dios de mí después de haberme salvado? Él espera que nosotros le sirvamos. Dios nos salvó, nos sanó, nos liberó, para que le sirviéramos; nos sacó de la esclavitud, de la depresión, de las drogas, de los vicios, de la soledad, porque nos ama y desea que le sirvamos. Ésta fue la razón por la cual Dios sacó al pueblo de Israel de la esclavitud de Egipto.

"3Entonces vinieron Moisés y Aarón a Faraón, y le dijeron: Jehová el Dios de los hebreos ha dicho así: ¿Hasta cuándo no querrás humillarte delante de mí? Deja ir a mi pueblo, para que me sirva". Éxodo 10:3

"31Entonces Él se acercó, y la tomó de la mano y la levantó; e inmediatamente le dejó la fiebre, y ella les servía". Marcos 1:31

Cuando entendemos que, habiendo hecho esta maravillosa obra en nosotros, Dios espera que le sirvamos, entonces, surge otra pregunta: ¿cuáles son las razones correctas por las cuales debemos servir a Dios?

Hay dos razones principales por las cuales servimos a Dios.

1. Servimos a Dios y al pueblo por la gratitud o el agradecimiento.

"28Así que, recibiendo nosotros un reino inconmovible, tengamos gratitud, y mediante ella sirvamos a Dios agradándole con temor y reverencia..." Hebreos 12:28

La razón número uno por la cual debemos servir a Dios, es el agradecimiento por todo lo que Él ha hecho en el pasado, por lo que está haciendo hoy y por todo lo que hará en el futuro. Esto hace que nazca la necesidad de servirlo con todo nuestro corazón.

La medida de agradecimiento que tengamos en nuestro corazón, determinará el nivel de servicio que le demos a Él.

La persona que no está agradecida, no va a prestar ningún servicio al Señor; pero si genuinamente reconoce de dónde el Señor la sacó, le ocurrirá lo mismo que le pasó a la suegra de Pedro: ésta, después que Jesús la sanó, inmediatamente le sirvió. A un creyente que está agradecido con Dios, no le importa dónde lo pongan a servir. Siempre está dispuesto a hacer cualquier cosa que lo manden, y en cualquier momento, porque quiere agradarle.

2. Servimos al Señor por amor.

Otra razón para servir a Dios es el amor hacia Él. Ésta es la fuerza que nos mueve a servirlo y el motivo principal debe ser querer agradarlo. Cuando amamos a alguien, siempre estamos buscando la forma de agradarlo, no importa lo que tengamos que hacer. Dios ama a su pueblo y desea que seamos sus manos, sus pies, su boca; sus representantes para traer salvación, sanidad y liberación a su pueblo. Por eso es que servimos a Dios; porque si amamos lo que Él ama –que es su pueblo–, entonces le estamos agradando a Él.

Cuando usted sirve a los demás, es como si le sirviera a Dios mismo.

"10Porque Dios no es injusto para olvidar vuestra obra y el trabajo de amor que habéis mostrado hacia su nombre, habiendo servido a los santos y sirviéndole aún". Hebreos 6:10

Nadie le sirve al Señor por culpabilidad, por presión de los líderes, por agradar a alguien o por orgullo. Cuando esto sucede, la obra no perdura, no permanece.

Se le sirve a Dios, porque existe gratitud por lo que Él ha hecho en nuestras vidas y porque le amamos con todo el corazón.

Cuando servimos a Dios por gratitud y por amor, es muy difícil que seamos heridos por la gente. Además, recibiremos la recompensa de Dios tanto en la tierra como en el cielo.

CAPÍTULO IV

Actitudes para
servir a Dios

*"²Servid a Jehová con alegría;
venid ante su presencia con regocijo".
Salmo 100:2*

*"¹⁹...sirviendo al Señor con toda humildad...".
Hechos 20:19*

A través de mi vida cristiana, he encontrado que hay muchas personas que sirven a Dios con una actitud incorrecta en su corazón. Cuando hablo de actitud, me refiero a una proyección negativa. Es decir, el servicio a Dios lo prestan con mucha negatividad, y es como si llevaran una carga, en vez de ser un privilegio. Reflejan en su cara depresión y falta de gozo, y ésa no debe ser la actitud para servirle a Él. Hay algo que debemos entender, y es que servir al Señor es un privilegio, es una bendición; por tanto, debemos hacerlo con la actitud correcta, ya sea que nos paguen por hacerlo o no.

¿Cuál es la actitud correcta para servir a Dios y a su pueblo?

1. Siempre debemos estar prestos a servir con gozo y alegría.

"47Por cuanto no serviste a Jehová tu Dios con alegría y con gozo de corazón, por la abundancia de todas las cosas, 48servirás, por tanto, a tus enemigos que enviare Jehová contra ti, con hambre y con sed y con desundez, y con falta de todas las cosas; y él pondrá yugo de hierro sobre tu cuello, hasta destruirte".
Deuteronomio 28:47, 48

Se debe servir a Dios y al pueblo con gozo, alegría y deleite. Vemos muchos casos en la Palabra, donde todos los hombres y mujeres de Dios se gozaban al servir a otros, y lo hacían con mucha alegría. Por ejemplo:

- Jesús se gozó en servir a sus discípulos.
- José se gozó en servir a Faraón.
- Rut se gozó en servir a Noemí.
- Eliseo se gozó en servir a Elías.
- Timoteo se gozó en servir a Pablo.

Cuando no servimos a Dios con alegría, nos estamos colocando una maldición encima. Todos ellos consideraron que era un honor servir, porque el servicio realizado no es una labor agotadora, sino que es algo digno y deleitoso.

¿Por qué muchos siervos pierden el gozo en el servicio a Dios? Porque algunos son heridos y lastimados.

Lamentablemente, cuando una persona empieza a servir a Dios, debe estar preparada espiritualmente, porque inevitablemente, le van a herir, le van a ofender; porque es parte del proceso, y es parte del servicio a Dios. Algunas, como resultado de estas heridas u ofensas, desisten, abandonan el servicio a Dios; permanecen heridas, y después, ya no quieren involucrarse en nada. Sin embargo, es necesario que cambiemos nuestra mentalidad, y que entendamos que al servir a Dios, se pueden presentar muchas situaciones adversas; pero que la solución no es dejar de servir u ofenderse, sino madurar, crecer y perdonar. Si queremos llegar a posiciones de liderazgo, es necesario pasar por todo esto. Nunca pongamos a una persona herida a servir, porque herirá a quienes estén a su alrededor.

2. Otra actitud con la cual siempre debemos servir es la humildad.

"19...sirviendo al Señor con toda humildad, y con muchas lágrimas, y pruebas que me han venido por las asechanzas de los judíos..."
Hechos 20:19

La palabra *humildad* es el vocablo griego *"tapeinofrosune"*, que significa: modestia. La idea de esta palabra es hacer cualquier cosa sin importar qué tan bajos nos veamos ante los ojos de la gente o de nosotros mismos, con tal de servir. Para servir se debe tener una actitud humilde, despojarse del orgullo y la soberbia. Debemos colocarnos la toalla del servicio; y servir al pueblo, sin importar su clase social, su dinero, su trasfondo, su raza; lo servimos con una actitud humilde y con gozo. Dios nos llevará a realizar trabajos a lugares que a lo mejor no nos sean placenteros, pero tenemos que pasar por ellos con una actitud modesta y humilde.

Capítulo V

¿Cómo recibir un manto de unción por medio de la toalla del servicio?

"¹⁰Porque Dios no es injusto para olvidar vuestra obra y el trabajo de amor que habéis mostrado hacia su nombre, habiendo servido a los santos y sirviéndoles aún".
Hebreos 6:10

Al principio del libro, hablé de la fórmula que Jesús usó para llegar a la grandeza. Según Jesús, si deseamos ser grandes, ser los primeros o tener una unción especial, debemos ser servidores y esclavos permanentes de la gente; es decir, servir a las personas todo el tiempo. Pero, en este capítulo, mi enfoque estará en: ¿cómo recibir un manto de unción de un hombre o de una mujer ungida por Dios? A través de toda la Escritura, vemos ejemplos vivos de cómo alguien que servía a un hombre de Dios, ungido, era recompensado con el manto de unción de la persona a la cual servía, inmediatamente después de que ésta partía con el Señor.

¿Cómo podemos recibir el manto de unción, o cómo podemos recibir la misma unción que está en ese hombre o en esa mujer?

El manto de unción se recibe por medio de la toalla del servicio.

En el diseño de Dios, el secreto para que un hombre o una mujer llegue a ser grande, está en servir al pueblo, o a un hombre o mujer de Dios con unción.

Veamos algunos ejemplos:

- Moisés y Josué

"11Y hablaba Jehová a Moisés cara a cara, como habla cualquiera a su compañero. Y él volvía al campamento; pero el joven Josué hijo de Nun, su servidor, nunca se apartaba de en medio del tabernáculo". Éxodo 33:11

Estudiemos un poco la vida de Josué, y cómo éste le sirvió a Moisés muy de cerca y por mucho tiempo. Para hacerlo, veamos a continuación, algunos puntos que describen lo que tuvo que hacer Josué antes de recibir el manto de Moisés.

- Fue escogido para dirigir la pelea contra Amalec en Refidim.

"8Entonces vino Amalec y peleó contra Israel en Refidim. 9Y dijo Moisés a Josué: Escógenos varones, y sal a pelear contra Amalec; mañana yo estaré sobre la cumbre del collado, y la vara de Dios en mi mano. 10E hizo Josué como le dijo Moisés, peleando contra Amalec; y Moisés y Aarón y Hur subieron a la cumbre del collado". Éxodo 17:8-10

- Acompañaba a Moisés cuando subía al Monte Sinaí.

"12Entonces Jehová dijo a Moisés: Sube a mí al monte, y espera allá, y te daré tablas de piedra, y la ley, y mandamientos que he

escrito para enseñarles. ¹³*Y se levantó Moisés con Josué su servidor, y Moisés subió al monte de Dios".* Éxodo 24:12, 13

• Servía todo el tiempo en el tabernáculo.

"11...pero el joven Josué hijo de Nun, su servidor, nunca se apartaba de en medio del tabernáculo". Éxodo 33:11

• Sirvió cuando fue enviado entre espías para ver la tierra prometida.

"1Y Jehová habló a Moisés, diciendo: 2Envía tú hombres que reconozcan la tierra de Canaán, la cual yo doy a los hijos de Israel; de cada tribu de sus padres enviaréis un varón, cada uno príncipe entre ellos". Números 13:1, 2

Josué sirvió por muchos años a Moisés en el tabernáculo y fuera de él, en el campo de batalla. Además, le secaba el sudor y limpiaba sus sandalias. Josué tomó la "toalla del servicio" y sirvió a Moisés. Después de mucho tiempo de desvelos, de ser criticado, rechazado y envidiado por servir al hombre de Dios, recibió su recompensa.

Josué recibe el manto

"9Y Josué hijo de Nun fue lleno del espíritu de sabiduría, porque Moisés había puesto sus manos sobre él; y los hijos de Israel le obedecieron, e hicieron como Jehová mandó a Moisés". Deuteronomio 34:9

¿Qué recibió Josué de Moisés en recompensa por su servicio de tanto tiempo?

• Josué recibió la unción o el manto.

• Josué recibió autoridad y honor.

Números 27:20 dice: *"y pondrás de tu dignidad sobre él"*. La palabra dignidad significa autoridad, honor. Después que Moisés reconoció a Josué de la forma que Dios le había indicado, él tenía la autoridad de Dios en público y en el espíritu.

• Josué recibió sabiduría.

Deuteronomio 34:9 dice: *"y Josué hijo de Nun fue lleno del espíritu de sabiduría"*.

Josué, por medio de la imposición de manos, recibió el espíritu de sabiduría; y todo lo que Moisés tenía en él, le fue dado a él, porque un día supo tomar la "toalla del servicio" con humildad. Josué le lavó los pies a Moisés, le levantó los brazos cuando estaba en la pelea, sirvió a su familia, llevó su carga –su "maletín"– y estuvo siempre sirviendo en el templo. Yo puedo imaginarme a Josué decir: "valió la pena el rechazo de los demás, los regaños de Moisés, las noches sin dormir por estar sirviéndole; valió la pena la crítica de la gente, pues hoy tengo la unción y el manto de Moisés sobre mí y todo lo demás quedó en el olvido".

COMO RECIBIR UN MANTO DE UNCIÓN POR MEDIO DE LA TOALLA...?

Yo le animo a usted, a que tome la "toalla del servicio" y empiece a servir a un hombre o a una mujer de Dios. Comience a servir al pueblo de Dios; cíñase la toalla y empiece a servir. Es necesario que si queremos adquirir un manto de unción, sirvamos a alguien.

CAPÍTULO VI

¿En qué consiste el don de servicio?

*"³⁰...exponiendo su vida para suplir lo que faltaba
en vuestro servicio por mí". Filipenses 2:30*

É ste es un don sobrenatural dado por Dios. Vuelvo a repetir, todos los creyentes estamos llamados a servir al Señor y al pueblo; pero, aquí específicamente, nos referimos a alguien que tiene un llamado al servicio, alguien que va más allá que el resto del cuerpo de creyentes.

"7...o si de servicio, en servir; o el que enseña, en la enseñanza...". Romanos 12:7

¿Qué es el don de servicio?

Es un don del Espíritu Santo dado al creyente. Es una habilidad para ver las necesidades de otros y tener el deseo de suplirlas.

"30...porque por la obra de Cristo estuvo próximo a la muerte, exponiendo su vida para suplir lo que os faltaba en vuestro servicio por mí".
Filipenses 2:30

El mayor gozo de las personas que tienen el don de servicio, es seguir instrucciones y asistir a otros en lo que necesitan. Su mayor propósito es ayudar a incrementar la efectividad de otras personas y ministerios.

¿Cuáles son las evidencias que presentan los creyentes que tienen el don especial de servicio?

- Les gusta hacer las cosas detrás de las cortinas.

- No les gusta ser mencionados en público.

- Los que sirven son hacedores y les cuesta delegar.

- Tienen dificultad para decir "NO", y como resultado de tantos compromisos que hacen, pierden el enfoque de las prioridades. A veces, quedan mal porque no pueden cumplir con todo lo que prometen.

- Se gozan en proveer para las necesidades físicas y emocionales de otros.

"⁶Tenga el Señor misericordia de la casa de Onesíforo, porque muchas veces me confortó y no se avergonzó de mis cadenas, ¹⁷sino que, cuando estuvo en Roma, me buscó solícitamente y me halló. ¹⁸Concédale el Señor que halle misericordia cerca del Señor en aquel día. Y cuánto nos ayudó en Éfeso, tú lo sabes mejor". 2 Timoteo 1:16-18

- Los que sirven son los primeros que van al hospital cuando un hermano se enferma. No solamente lo visitan sino que le sirven en su casa, con su familia, preparándole comida y demás.

- Tienen gran necesidad de ser apreciados. Ésta es una evidencia muy notable, esperan ser afirmados y apreciados continuamente.

- Un servidor desea que su líder le afirme, especialmente, cada vez que ha finalizado una tarea. Desea que se mencione la importancia de servir.

- Disfrutan de la hospitalidad. Se gozan hospedando personas en sus hogares.

- Cuando alguien está de visita en su casa, lo atienden, le sirven y lo hacen con gran gozo. Manifiestan su amor por medio del servicio; manifiestan más el amor con hechos que con palabras.

- Son orientados hacia los detalles. Dios les ha dado la habilidad de ver o identificar los pequeños detalles, ya sea en un proyecto, en la iglesia o en el hogar.

- Son ordenados y perfeccionistas; odian la desorganización y la suciedad. Después y antes de una fiesta, ellos se ofrecen a limpiar y a ayudar porque están dispuestos a servir siempre.

- Tienen la tendencia de sentirse inadecuados y no calificados para las posiciones de liderazgo. La razón de esto es que, al estar todo el tiempo sirviendo y siguiendo órdenes, por eso, piensan que no tienen la habilidad para ser líderes ni para dar órdenes a otros.

Antes de dar órdenes y ser líderes sobre otros, tenemos que aprender a ser seguidores y a cumplir órdenes.

¿Cuáles son algunos problemas que presentan las personas con el don de servicio?

- Llegan a estar tan ocupadas ayudando a otros, que descuidan las responsabilidades de su hogar. Los que tienen el don de servicio tienden a olvidarse de su propia comodidad y aun de su propia familia, con tal de ayudar a otros.

- Aceptan demasiados trabajos al mismo tiempo y les cuesta decir que "NO". En su corazón, siempre tienen el deseo de ayudar a otros. Esto les trae muchas complicaciones y los conduce a los siguientes peligros:

  ❑ Se cansan espiritual y físicamente.

  ❑ Toman más responsabilidades de las que pueden manejar, y se envuelven en demasiados trabajos.

❑ Sus sentimientos son heridos fácilmente. Se sienten heridos cuando no se aprecia ni se valora su servicio o cuando no son reconocidos.

❑ Se resienten con las personas que no están dispuestas a servir.

❑ Tienden a excluir a otros del trabajo.

❑ Usualmente, les gusta hacer el trabajo por sí solos y no aceptan la ayuda de los demás.

❑ Son persistentes en ofrecer ayuda cuando no es requerida.

❑ Su deseo es suplir cualquier necesidad, y cuando aparece una, insisten en suplirla allí mismo, aunque no se lo pidan.

¿Cuáles son algunas correcciones para aquellos que tienen el don de servicio?

• Necesitan ser guiados por el Espíritu Santo. No deben ser impulsados por las necesidades solamente, para que cuando les toque el turno de servir, puedan estar disponibles.

• Deben orar primero y, entonces, decidir por un "sí" o un "no". Tienen que ser necesidades que Dios les ponga en el corazón.

- Deben recordar siempre que su servicio es para Dios y no para los hombres.

- Cuando sirvan a alguien, deben hacerlo como para el Señor. Si no son apreciados ni reconocidos, no deben ofenderse sino seguir hacia adelante.

Se cree que aproximadamente el 17% del cuerpo de Cristo tiene el don de servicio.

Conclusión

Hemos estudiado que cada creyente debe servir a Dios con el motivo correcto, con la actitud correcta de gozo y con alegría, porque estamos agradecidos y porque le amamos. Además, sabemos que cualquier persona que aspire a una posición de liderazgo, debe ser un siervo, y servir donde el Señor le ponga. También, estudiamos que la manera de recibir un manto de unción es a través de servir a un hombre o a una mujer de Dios.

Dentro del cuerpo de Cristo, todos los creyentes estamos llamados a servir. Pero, es de hacer notar, que hay ciertas personas que tienen el don del servicio, a las que no se les puede dejar todo el trabajo y abusar de su don.

Si todos los creyentes entendemos el verdadero significado de lo que es un cuerpo, que cada parte es vital y trabaja en conjunto y unidad para el beneficio del mismo, muchos empezarían por indagar cuál es el don que Dios les ha dado, para ponerlo al servicio de su pueblo. De esta manera, habría más hijos de Dios exitosos, porque al conocer el propósito de Él en sus vidas, pueden ponerse la "toalla del servicio", entendiendo que es el único camino establecido por Dios para llegar a la grandeza.

Bibliografía

Biblia de Estudio Arco Iris. Versión Reina-Valera, Revisión 1960, Texto bíblico copyright© 1960, Sociedades Bíblicas en América Latina, Nashville, Tennessee, ISBN: 1-55819-555-6.

Biblia Plenitud. Versión Reina-Valera, Revisión 1960, ISBN: 089922279X, Editorial Caribe, Miami, Florida.

Diccionario Español a Inglés, Inglés a Español. Editorial Larousse S.A., impreso en Dinamarca, Núm. 81, México, 1993, ISBN: 2-03-420200-7, ISBN: 70-607-371-X

El Pequeño Larousse Ilustrado. 2002 Spes Editorial, S.L. Barcelona; Ediciones Larousse, S.A. de C.V. México, D.F., ISBN: 970-22-0020-2.

Expanded Edition the Amplified Bible. Zondervan Bible Publishers. ISBN: 0-31095168-2, 1987 – Lockman Foundation USA.

Reina-Valera 1995 - Edición de Estudio, (Estados Unidos de América: Sociedades Bíblicas Unidas) 1998.

Strong James, LL.D, S.T.D., *Concordancia Strong Exhaustiva de la Biblia*, Editorial Caribe, Inc., Thomas Nelson, Inc., Publishers, Nashville,

Tennessee - Miami, FL, EE.UU., 2002. ISBN: 0-89922-382-6.

The New American Standard Version. Zordervan Publishing Company, ISBN: 0310903335.

The Tormont Webster's Illustrated Encyclopedic Dictionary.©1990 Tormont Publications.

Vine, W.E. *Diccionario Expositivo de las Palabras del Antiguo Testamento y Nuevo Testamento.* Editorial Caribe, Inc./División Thomas Nelson, Inc., Nashville, TN. ISBN: 0-89922-495-4, 1999.

Ward, Lock A. *Nuevo Diccionario de la Biblia.* Editorial Unilit: Miami, Florida. ISBN: 0-7899-0217-6, 1999.